Inhalt

Neuregelung der Goodwill-Bilanzierung nach IFRS

Kernthesen

Beitrag

Fallbeispiele

Weiterführende Literatur

Impressum

Neuregelung der Goodwill-Bilanzierung nach IFRS

G.Dengl

Kernthesen

- Nach der letztjährigen Änderung in den US-GAAP wird nun auch nach IFRS (ehemals IAS) die planmäßige Abschreibung des Firmenwertes abgeschafft.
- Die Anwendung des Werthaltigkeitstests ist in Wissenschaft und Praxis umstritten. Kritisiert werden vor allem die hohen Bewertungsspielräume, die dem Management nun eingeräumt werden, sowie der steigende Aufwand für die Durchführung des aufwändigen Tests.
- Durch die Umstellung des alten auf das

neue Verfahren verändert sich bei einige Kennzahlen, darunter das KGV, ihre Berechnungsbasis. Die absolute Aussagekraft sowie die Vergleichbarkeit zwischen den Unternehmen ist deshalb ebenfalls umstritten.
- Das IASB gerät zunehmend in den Verdacht, amerikanischer Einflussnahme zugänglich zu sein, und seine Eigenständigkeit zu verlieren.

Beitrag

Die Frage der Goodwill-Behandlung ist ein Dauerbrenner in der Unternehmensbewertung. Ein Goodwill entsteht beim Kauf eines Unternehmens, wenn der bezahlte Kaufpreis über dem bilanziellen Eigenkapital des Unternehmens liegt, was meistens der Fall ist. Der so erworbene Firmenwert wird als Vermögenswert angesehen, in dem sich erwartete Synergien die zukünftigen Ertragsaussichten aber auch die Reputation des Unternehmens widerspiegeln. (8) Diesen Goodwill muss das erwerbende Unternehmen in der Bilanz ausweisen und steigert damit auf dem Papier den Wert des eigenen Unternehmens.

Nach deutscher (HGB) wie auch internationaler (IAS,

US-GAAP) Rechnungslegung ist man noch bis vor zwei Jahren davon ausgegangen, dass der Goodwill einem Wertverzehr unterliegt und demnach über eine voraussichtliche Nutzungsdauer planmäßig abgeschrieben werden müsste. Diese - in der Fachwelt immer schon umstrittene - Vorgehensweise nennt sich "Pooling of Interests" (Zusammenführung nach Buchwerten). (9)

Seit letztem Jahr haben sich aber die amerikanischen Vorschriften zur Goodwill-Bilanzierung geändert. Der Wert eines Unternehmens wurde nicht länger als grundsätzlich abnutzbar angesehen, sondern als ein immaterieller Wert mit theoretisch unbegrenzter Nutzungsdauer. Wer also einmal ein Unternehmen zu einem bestimmten Preis erworben hatte, konnte den daraus resultierenden Goodwill theoretisch ewig in der Bilanz ausweisen. Theoretisch nur deshalb, weil diese erworbene Unternehmenswert jährlich einem Werthaltigkeitstest zu unterziehen ist. Wird dabei festgestellt, dass sich der Wert verringert hat, muss abgeschrieben werden. (1) Hier kann es im Extremfall sogar so weit kommen, dass der gesamte Unternehmenswert auf einen Schlag abgeschrieben werden muss. (6)

Dieser Paradigmenwechsel in der Unternehmenswertbilanzierung, vom planmäßig abzuschreibenden Goodwill, hin zum marktorientierten Goodwill, der ja nach Situation gar nicht, teilweise oder komplett abgeschrieben werden muss, ist eine heiß diskutierte Fragestellung in der Unternehmensbewertung. Sowohl in der Praxis wie auch in der Wissenschaft gibt es dazu widersprüchliche Ansichten. (9)

Nachdem vor einem Jahr die Änderung in den US-GAAP endgültig beschlossen wurde, hat am 6. Dezember 2002 das International Accounting Standards Board (IASB) nachgezogen und eine identische Regelung vorgestellt. Bis Anfang April 2003 war die interessierte Öffentlichkeit aufgerufen, zum Exposure Draft 3 "Business Combinations" Kommentare abzugeben. Die letztendliche offizielle Entscheidung steht noch aus, aber es gilt als gesichert, dass vom Draft nicht mehr wesentlich abgerückt wird.

Die Angleichung an US-GAAP ist darüber hinaus ein weiterer Schritt in Richtung Vereinheitlichung der internationalen Rechnungslegungsstandards. Die Bilanzierungsregeln des IASB, künftig bekannt als International Financial Reporting Standards (IFRS), sind gemäß der aktuellen EU-Verordnung ab 2005 für die Konzernabschlüsse aller kapitalmarktnotierten Unternehmen in der EU verpflichtend.

Der Werthaltigkeitstest

Die erste Feststellung des erworbenen Unternehmenswerts ist noch vergleichsweise einfach, wenn man bedenkt, dass in den Folgejahren jeweils festgestellt werden muss, ob sich dieser Wert verändert hat. Dazu hat das IASB einen aufwändigen Test ausgearbeitet, der gegebenenfalls für verschiedenen Unternehmensbereiche einzeln durchzuführen ist. Abgesehen von den hohen Kosten wird von der Fachwelt vor allem die zweifelhafte Validität des Testes moniert.

Der ermittelte neue Unternehmenswert ist von Externen (z. B. Wirtschaftsprüfern) weder stichhaltig zu widerlegen noch zu bestätigen, da er zum Teil auf Prognosen fußt. Diese Bewertungsfreiheit bietet dem Management daher gewisse Gestaltungsspielräume. Dennoch: In der gegenwärtigen wirtschaftlichen Situation dürfte es dem meisten Unternehmen schwer fallen, zu begründen, warum es den Goodwill nicht abschreibt

Auswirkungen auf dem Ausweis des Firmenwertes

Diese Veränderung in der Bilanzierungsphilosophie hat enorme Auswirkungen auf den ausgewiesenen und wahrgenommenen Unternehmenswert sowie vor allem auf den Jahresüberschuss. Vor zwei Jahren beneidete man noch vielerorts die Unternehmen, die nach US-GAAP bilanzierten, und ihre Ergebnisse nicht durch die Abschreibungen der hohen Firmenwerte belasten mussten. Heute dagegen hat das Bilanzieren nach US-GAAP entscheidend an Attraktivität eingebüßt. Aufgrund der Börsenbaisse ergeben sich ungewöhnlich hohe Wertberichtigungsbedarfe. Da nun der Goodwill in extremen Fällen komplett abgeschrieben werden muss, werden das die Jahresüberschüsse kaum verkraften. Was die Unternehmen allerdings am meisten fürchten, sind nicht direkt die mageren Jahresüberschüsse, sonder eher die Signale, die damit an die Kapitalmärkte gesendet werden. (9)

Teile des Goodwills als immaterielle Assets ausweisen

Ein Hintertürchen gibt es dennoch, um eine regelmäßige Abschreibung zu erreichen, so man das will. Bei erstmaligem Ansatz und Bewertung des gekauften Unternehmens ist es zulässig, einige Vermögensteile und Verbindlichkeiten als immaterielle Assets vom Firmenwert zu trennen und einzeln auszuweisen. Diese immateriellen Assets können unterschieden werden in solche, bei denen eine Nutzungsdauer bestimmbar ist und solche bei denen sie unbestimmt ist. Erstere können dann über die Nutzungsdauer planmäßig abgeschrieben werden, letztere sind, genau wie der Goodwill, dem Impairment-Test zu unterziehen. (9)

Aus diesem Grund wird es Goodwill in der Größe wie in der Vergangenheit kaum noch geben, da über den Ausweis als immaterielle Assets eine wesentlich komfortablere Steuerung des Ergebnisses und auch des Gesamtunternehmenswertes möglich ist. (10)

Kritik an der neuen Regelung

1) Impairment-only-Approach enthält hohe Ermessensspielräume

Nach dem Impairment-only-Approach ist die Bewertung gegebenenfalls nach Sparten durchzuführen. Da hierfür i. d. R. keine Marktpreise vorliegen müssen zumeist bekannte Bewertungsverfahren, wie z. B. das Discouted-Cash-

Flow-Verfahren, herangezogen werden. Die mit einer solchen Wertermittlung einhergehenden Ermessensspielräume kann das Unternehmen dazu nutzen, eine Goodwill-Abschreibung dauerhaft zu vermeiden oder den Zeitpunkt einer notwendigen Abschreibungen nahezu beliebig zu steuern. (3) Obwohl die Verfahren grundsätzlich in der Unternehmensbewertung für zulässig gehalten werden, so wurden sie doch bisher nicht in der eigentlichen Bilanzierung eingesetzt, gerade um die Ermessensspielräume des Management gering zu halten. (4)

2) Ungleichbehandlung von originärem und derivativem Goodwill

Der originäre Firmenwert ist derjenige Wert, den ein Unternehmen durch kontinuierliche Forschung und Entwicklung generiert. Er taucht allerdings nicht in der Bilanz auf, weil dieser Wert nicht gemessen und damit nicht aktiviert werden kann. Der erworbene, also derivative Firmenwert kann aber nun, nach der neuen Regel theoretisch unbegrenzt genutzt werden, und erhöht über die gesamte Nutzungsdauer das bilanzielle Eigenkapital. Damit besteht eine de-facto-

Benachteiligung organisch wachsender Unternehmungen, denn sie sind auf dem Papier konsequenterweise weniger wert. Es ist fraglich, ob diese Ungleichbehandlung gewollt und sinnvoll ist. (10) , (5)

3) Erhöhter Aufwand bei Erstellung der Konzernbilanzen

Die Neuregelung wird für viele Unternehmen einen erheblichen Mehraufwand bei der Jahresabschlusserstellung mit sich bringen. Der Standard-Setter erzwingt quasi eine Aufteilung des Goodwills nach Geschäftsbereichen, sowie eine kontinuierliche Spartenbewertung nach aufwändigen Discounted-Cash-Flow-Methoden. Ganz davon abgesehen, dass dafür bei den Unternehmen selbst hohe Aufwände anfallen, werden steigende Aufwände in gleicher Höhe noch einmal bei der Prüfung der Abschlusszahlen anfallen. (10)

Fallbeispiele

1) Deutsche Telekom

Die Folgen der neuen Bewertungsvorschriften konnten exemplarisch bei der Deutschen Telekom beobachtet werden. Aufgrund des Listings an der NYSE bilanziert der Konzern nach US-GAAP. Bei dem im September letzten Jahres vorgelegten Zwischenberichtes wurde ein Verlust von 24,5 Milliarden Euro ausgewiesen. Hauptsächlich dafür verantwortlich dafür sind Abschreibungen auf das UMTS-Netz sowie auf erworbene Goodwills. (2)

2) T-Online

Die ansonsten guten Zahlen des Internet-Providers T-Online wurde beim jüngst vorgelegten Abschluss hauptsächlich durch Goodwill-Abschreibungen auf erworbene Unternehmen wie comdirect, Club Internet und Ya.com getrübt. (7)

3) Vergleichbarkeit von Kennzahlen sinkt

Genau wie das KGV, so sind auch weitere wichtige Bilanzkennzahlen von der Neuregelung betroffen. Dazu zählen z. B. die Eigenkapitalquote, das Preis-Eigenkapital-Verhältnis oder das Net Gearing (verzinsliche Nettofinanzverbindlichkeiten/Eigenkapital). Grundsätzlich also alle jene Kennziffern, die das Eigenkapital berücksichtigen. Die Bilanzanalyse wird deshalb in Zukunft für die Unternehmensbewertung weiter an Bedeutung gewinnen. (1)

Weiterführende Literatur

(1) Goodwill - ein zweiter Blick lohnt sich
Auswirkungen des Goodwills auf die Aktienbewertung Von Patrick Hasenböhler und Britta Simon *
aus Neue Zürcher Zeitung, 03.01.2003, Nr. 1, S. 63

(2) Paradigmenwechsel in der Firmenwert-Bilanzierung
aus Frankfurter Allgemeine Zeitung, 16.12.2002, Nr.

292, S. 22

(3) Neue Bilanzregeln stellen Prüfer vor kaum lösbare Aufgaben
aus Frankfurter Allgemeine Zeitung, 20.01.2003, Nr. 16, S. 21

(4) Erwartungslücke bei der Prüfung von Firmenwerten
aus Frankfurter Allgemeine Zeitung, 27.01.2003, Nr. 22, S. 23

(5) Warum die Deutschen für planmäßige Goodwill-Abschreibung eintreten Als Bilanzposition lange Zeit unbekannt - Mit neuem Ergebnisbegriff Ebita "herausgerechnet" - Neue Qualität der Aussagekraft von Bilanzen
aus Börsen-Zeitung, 21.03.2003, Nummer 56, Seite 12

(6) Umschalten von HGB auf IAS
aus Der Handel Nr.03 vom 05.03.2003 Seite 062

(7) T-Online möchte das Ergebnis in diesem Jahr verdoppeln
aus Frankfurter Allgemeine Zeitung, 14.03.2003, Nr. 62, S. 20

(8) Das Ansehen verbessern - den Ruf schützen
aus Frankfurter Allgemeine Zeitung, 07.04.2003, Nr. 82, S. 24

(9) Goodwill-Bilanzierung - viel Lärm um nichts?
aus Börsen-Zeitung, 06.03.2003, Nummer 45, Seite 8

(10) Starke Aversionen gegen Impairment-Test
Wirtschaftsprüfer und Industrie favorisieren planmäßige Goodwill-Abschreibung - DRSC-Anhörung
aus Börsen-Zeitung, 05.03.2003, Nummer 44, Seite 9

Impressum

Neuregelung der Goodwill-Bilanzierung nach IFRS

Bibliografische Information der deutschen Nationalbibliothek

Die Deutsche Nationalbibliothek verzeichnet diese Publikation in der deutschen Nationalbibliografie; detaillierte bibliografische Daten sind im Internet über http://dnb.d-nb.de abrufbar.

ISBN: 978-3-7379-1565-6

© 2015 GBI-Genios Deutsche Wirtschaftsdatenbank GmbH, Freischützstraße 96, 81927 München, www.genios.de

Alle Rechte vorbehalten. Dieses Werk ist einschließlich aller seiner Teile – z.B. Texte, Tabellen und Grafiken - urheberrechtlich geschützt. Jede Verwertung außerhalb der Grenzen des Urheberrechtsgesetzes bedarf der vorherigen Zustimmung des Verlags. Dies gilt insbesondere auch für auszugsweise Nachdrucke, fotomechanische Vervielfältigungen (Fotokopie/Mikroskopie), Übersetzungen, Auswertungen durch Datenbanken oder ähnliche Einrichtungen und die Einspeicherung und Verarbeitung in elektronischen Systemen.